Wilhelm Klein

Führer durch die Stadt Rothenburg ob der Tauber

Wilhelm Klein

Führer durch die Stadt Rothenburg ob der Tauber

ISBN/EAN: 9783743303850

Hergestellt in Europa, USA, Kanada, Australien, Japan

Cover: Foto ©Andreas Hilbeck / pixelio.de

Wilhelm Klein

Führer durch die Stadt Rothenburg ob der Tauber

Rothenburg ob der Tauber.

Führer

durch die Stadt

Rothenburg ob der Tauber

ihre

Architekturdenkmale und Kunstschätze

von

Wilhelm Klein.

Mit einem historischen Plane.

Rothenburg ob der Tauber.
Verlag der C. H. Trenkle'schen Buchhandlung.
1888.

Rothenburg ob der Tauber.

Sieh mit Fleiß Rothenburg an
Eine Stadt in Franken lobesam.
Kasp. Bruschius.

ine der architektonisch interessantesten Städte Deutschlands ist die heutige ehemalige freie Reichsstadt Rothenburg ob der Tauber. Umschlossen von einem, noch gar wohl erhaltenen Mauer=Ringe, aus dem zahlreiche Thürme hervorragen und beschützt von mächtigen Basteien, die den Thoren vorliegen, birgt diese merkwürdige Stadt Baudenkmale der romanischen, gothischen und Renaissance=Periode in großer Zahl. Verschiedene interessante und malerische Straßenbilder vervollständigen den mittelalterlichen Charakter. Aber auch die Natur hat die, inmitten des ehemaligen Landes Ostfranken auf einem Muschelkalkplateau, das im Osten von einem bewaldeten Keuperrücken begrenzt wird und gegen die Tauber zu steil abfällt. liegende alte Stadt reich bedacht, denn der landschaftlichen Reize sind viele.

Rothenburgs Geschichte geht auf die ältesten Zeiten zurück und bietet des Merkwürdigen so viel, daß sich dieselbe eines tieferen Studiums verlohnt. Die Burg, an welche sich die früheste Geschichte der Stadt knüpft, wird schon im neunten Jahrhundert erwähnt und auf ihr residirten später die Salier und Herzog Friedrich, des dritten Konrad's Sohn, hielt seinen glänzenden Hof daselbst und wurde der „dux de Rothinburg" genannt. Von Friedrich Barbarossa erhielt Rothenburg das Stadt= oder Weichbildrecht, 1274 von Rudolf von Habsburg die Freiungsurkunde. In den Kämpfen Ludwigs des Bayern mit Friedrich dem Schönen hielt Rothenburg treu zu des Wittelsbacher's Fahnen, nahm am Städtekrieg hervorragenden Antheil und spielte unter seinem großen Bürgermeister Heinrich Topler, dessen tragisches Geschick allgemeines Interesse erweckt, in den Fehden mit den Nürnberger Burggrafen eine bedeutende politische Rolle in der deutschen Geschichte. Auch die Umwälzungen des 16. Jahrhunderts sind in Rothenburg's Geschichte mit chernem Griffel eingezeichnet. Im 30jährigen Krieg und den darauf folgenden Wirren glich die, an der großen Heerstraße gelegene Stadt mehr einem großen Kriegslager, als der Heimstätte friedlicher Bürger. Von nun an ging Rothenburg langsam, aber stetig seinem Verfalle entgegen und erst der neueren Zeit war es vorbehalten, es nach langer Erstarrung wieder zu neuem Leben zu erwecken.

Röderthor.

Besichtigung der Kunstschätze und Architekturdenkmale der Stadt.

> Rothenburg laß Dich schauen,
> Laß die altersgrauen
> Mauern froh uns grüßen
> Laut mit Sangesschall!
> Wolle uns erschließen
> Deine Reize all!

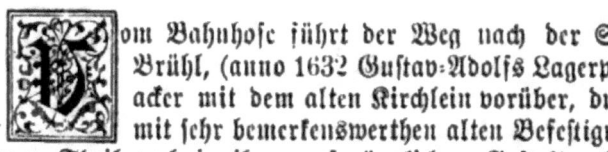om Bahnhofe führt der Weg nach der Stadt an dem sog. Brühl, (anno 1632 Gustav-Adolfs Lagerplatz), dem Gottesacker mit dem alten Kirchlein vorüber, durch das Röderthor mit sehr bemerkenswerthen alten Befestigungen! Bastei und zum Theil noch in ihrer ursprünglichen Gestalt erhaltenen doppelten Wall und Graben sowie hohen weit ins Land blickenden mächtigen Thorthurm.

Nachdem man eine Straße ohne irgend welche bemerkenswerthe Gebäude durchwandert hat, gelangt man an ein zweites Thor, den sog. Röderbogen; hier fällt sofort ein altersgrauer ganz verwitterter Thurm — Markusthurm — und ein daranstoßendes Gebäude auf, es sind Reste der ältesten Stadtbefestigung; denn die alte oder innere Stadt beginnt erst hier.

Innerhalb dieses alten Stadtthores beginnen auch die Straßen interessanter und alterthümlicher zu werden, so ist gleich der Blick die Straße rechts mit dem nächsten Thorthurme im Hintergrunde malerisch. In der zu durchwandernden engen Straße, der Hafengasse, finden sich viele gothische Portale als Hauseingänge, auch ein altes hochgiebliches Haus links (Buchhandlung) dürfte seiner Renaissancefenster im ersten Stocke, verzierter Halbsäulen, mit mächtigen schön gehauenen Steinconsolen und einfacher Holzdecke im Innern wegen, für manchen Künstler nicht ohne Interesse sein. Nun noch einige Schritte weiter, und der Wanderer hat vor sich ein prächtiges Stück Mittelalter, denn er befindet sich auf dem architektonisch und geschichtlich

merkwürdigen Marktplatze Rothenburgs. Hier wird der Blick vor
Allem gefesselt durch das imposante

Rathhaus,

einen prachtvollen Bau, bei welchem sich Gothik und Renais=
sance so stylvoll und malerisch verbinden, wie es wohl selten wird
angetroffen werden.

Nachdem das älteste Rathhaus im Jahre 1240 abgebrannt
war, erbaute man ihm gegenüber ein neues, bestehend aus zwei gothi=
schen Gebäuden nebeneinander; das eine derselben ist der heute noch
stehende gothische Bau mit seinem schlanken und kühn empor=
strebenden Thurme. Einfach und ohne besonderen äußeren Schmuck,
zeigt das Gebäude ein mächtiges Spitzbogen-Portal, aber gradlinige
Fenster, erst in seinen oberen Parthien beginnt es stylvoller zu werden.
Hier zeigen sich zwischen schön gearbeiteten Fialen an den beiden
Giebelenden, die Wappen der Grafen von Flügelau, der
Stadt und der Adler des alten deutschen Reiches. — Der kühn
aus dem Dache aufsteigende viereckige Thurm mit gothischen Blenden
geht aus dem Viereck stylgemäß in ein Achteck über und ist mit vier
Colossalsteinbildern — über denselben durchbrochene Baldachine — geziert.
Oben trägt der Thurm eine Kuppel mit einer Glockenlaterne, welche
nicht zum ursprünglichen Plane gehörte, denn wie aus alten Illu=
strationen ersichtlich ist, war er früher flach gedeckt, mit einer Stein=
brüstung versehen und von einer durchbrochenen Stein-Pyramide, in
welcher sich die Glocke befand, gekrönt. Etwas beschwerlich zwar, doch
sehr lohnend, ist die Besteigung des Thurmes; man hat von dem
Kranze desselben eine herrliche Aussicht über die Stadt und ihre
nächste Umgebung.

Der vordere alte Bau, in welchem Kaiser Carl V. im Jahre
1546 vom Podagra heimgesucht, 11 Tage weilte und die Huldigung
der Stadt entgegennahm, wurde im Jahre 1572 abgebrochen und an
seine Stelle der prächtige Renaissance-Bau errichtet.

Wahrlich, es ist ein herrliches Werk, das hier in einer kleinen
Gemeinde, einzig und allein aus den Mitteln derselben, ohne jede
andere Hilfe entstund, und noch dazu zu einer Zeit, wo dieselbe für
die gegen den Markgrafen Albrecht Alcibiades von Ansbach zu Feld
gezogenen Verbündeten 80,000 Gulden Kriegssteuer zu zahlen hatte.
Das ist gewiß ein Zeichen, daß die Stadt reich und mächtig war,
wie nur irgend eine, die den Reichsadler im Schilde führte.

Eng an den gothischen älteren Bau angebaut und mit diesem
verbunden, macht der in tabellosem Renaissancestyl mit seinem
schönen Erker, den herrlichen Portalen und der Säulen-Colo=
nade in phantasievoller Ornamentik errichtete neue Bau einen impo=
santen Eindruck auf den Beschauer. Die Rustica-Colonade,
entschieden die Hauptzierde des Rathhauses, wurde erst später vorge=

Rathhaus.

baut. Der Altan wird von 10 Säulen mit Spundquadern getragen, in den Schlußsteinen der neun Schwibögen sind die Wappen der Churfürsten und auf dem letzten die Jahrzahl 1681 angebracht. Den mit hübscher Brüstung umgebenen Altan schmücken die Statuen der Gerechtigkeit und Klugheit mit dem Reichs-Adler in der Mitte; derselbe wurde im Jahre 1802, als die Stadt in bayerischen Besitz kam, auf den Mühlacker transportirt, 1848 aber unter großem Volks-Auflauf auf den Platz gestellt, der ihm gebührt und wo er jetzt wohl bleiben wird.

Das Haupt-Portal, aber nicht der Haupt-Eingang, ist am südlichen Giebel angebracht und macht mit seinen schönen Proportionen und Formen einen festlichen Eindruck. Die symbolischen Figuren, welche das Giebelfeld krönen, sind: der Reichsadler, ein den Flammen entsteigender Phönix — auf den Brand des alten Rathhauses Bezug habend — und ein Pelikan, letzterer wohl auf die Fürsorge der Väter der Stadt für die Bürgerschaft anspielend; die massiv aus Eichenholz gefertigte Thüre hat Ornamente von vorzüglicher Schönheit. Außer diesem Portale besitzt der Giebel noch einen schönen Schmuck an einem hohen achteckigen Erker, der reich mit Gallerien, Medaillons u. s. w. verziert ist; am Sockel desselben befindet sich das in Stein ausgehauene Brustbild eines Baumeisters, Winkel und Zirkel in den Händen haltend. Eine besondere Zierde des Giebels ist der auf der Spitze stehende gewappnete Ritter, in den Händen einen Schild mit dem Wappen der Grafen von Rothenburg und eine Turnierfahne haltend.

Zur lohnenden Besichtigung im Innern trete man durch das in der Mitte der Säulen-Colonade befindliche Treppenhaus-Portal ein. An diesem Portale befindet sich eine noch gut erhaltene Inschrift, welche auf den Rathhausbau Bezug hat.

Die steinerne Wendeltreppe ist ein Meister-Werk der Baukunst und ihrer Construktion wegen schon sehr gerühmt worden. Ein Blick durch die Windungen nach Oben ist interessant.

Im ersten Stock befindet sich eine Art Vorsaal mit herrlicher von jonischen Säulen getragener Balkendecke, schönen stylvollen Portalen und verzierten Steinbänken. Bemerkenswerth ist auch eine Holzwand im Hintergrunde, welche mit ihrem verzierten Fachwerk und der leichten Gallerie eine anmuthige Verwendung gothischer Motive zeigt und als ein gutes Beispiel alter Zimmerwerks-Dekoration betrachtet werden kann, wobei nur zu beklagen ist, daß einzelne schöne Details mit Farbe überpinselt sind. Den Wänden entlang befinden sich die gut und richtig gemalten Wappen ehemaliger Bürgermeister und Consulen Rothenburgs, mit dem Jahre 1230 beginnend, für den Heraldiker gewiß von Interesse.

Durch ein einfaches gothisches Portal, noch dem alten Rathhause angehörig, gelangt man unter Führung des Castellans in den großen Rathhaus=, jetzt Kaisersaal genannt. Jeder Eintretende ist sicherlich erstaunt, einen solch' mächtigen Saal da zu finden, wo er ihn gewiß nicht vermuthet hat. Von bedeutender Länge und Breite, in einer Höhe von zwei Stockwerken, macht der große, durch keine Säule, noch sonstigen Stützpunkt unterbrochene freie Raum einen überraschenden Eindruck. Die viereckigen Fenster mit alten runden Scheiben liegen in hohen Bogennischen und geben, trotzdem sie sich nur auf einer Seite befinden, doch hinreichend Licht. Der Saal hat eine flache Holzdecke, ein sog. Hängewerk in mächtiger und selten einfacher Construktion. Sämmtlichen Wänden entlang laufen mit Ornamenten verzierte Steinbänke.

Seit der letzten stylgemäßen Renovation sind zwar einige alte Fresken ohne besonderen Kunstwerth verschwunden, dagegen ist der schöne Sculpturschmuck — das jüngste Gericht vorstellend, in früh=gothischer Weise bemalt — noch in seiner ursprünglichen Gestalt erhalten und kann also, wie es schon vielfach geschehen ist, noch manches Skizzenbuch schmücken.

Dort an der Südseite, wo sich die in grauem Sandstein künstlich gehauenen und schön verzierten Steinschranken zeigen, ward einst von dem inmitten seiner Schöffen auf erhöhtem Steinsitze befindlichen Richter das Blutgericht gehegt, nachdem die Stadt das kaiserliche Landgericht an sich gezogen hatte; früher wurde dieses Gericht in der Burg unter freiem Himmel abgehalten. Seit mehreren Jahren befinden sich auch verschiedene auf die fränkische und Rothenburger Geschichte bezughabende und theilweise werthvolle Gemälde aus der Schleißheim'schen Gallerie in unserem Rathhaussaale. Ganz in ursprünglicher Gestalt erhalten ist noch die Richterstube; in derselben befindet sich ein alterthümlicher Kachelofen und ein Renaissanceschrank nebst verschiedenen, auf die Geschichte der Stadt bezüglichen Gegenständen. Wie im Nürnberger, so ist auch im hiesigen Rathhaussaale eine Metalltafel angebracht, auf der sich in alter gothischer Schrift folgender Rechtsspruch befindet:

„Ains Mannes red eine halbe red'
Recht ist man soll sie verhörn bed,
Seyt eins mans red eine halbe ist,
So sol man merken ir beder list."

Alljährlich am 1. Mai, wenn der Wächter vom hohen Thurm herab die dritte Stunde gen Morgen verkündet hatte, versammelten sich in diesem Saale unter den Fittigen eines riesigen Reichs=Adlers der Rath und die gesammte wahlfähige Bürgerschaft, um die Aemter zu erneuern, zu bestätigen und den Eid auf die Verfassung abzulegen, welche dann wieder auf ein Jahr in Geltung blieb.

Durch die, mit schönen gothischen und Renaissance=Ornamenten verzierte Steintreppe gelangt man in die unteren Räume des Rathhauses; hier befindet sich in vier Gewölben das städtische Archiv. Wohl sind aus demselben zu Anfang dieses Jahrhunderts und noch bis in die letzte Zeit die werthvollsten Urkunden in das germanische Museum in Nürnberg und das Reichs-Archiv in München und in verschiedene andere Archive gewandert, immerhin befinden sich aber noch einzelne kulturgeschichtlich werthvolle Urkunden und Sammelbände darin. Unter dem Archive sind die geheimen Gefängnisse, welche einst nur Eingeweihten zugänglich waren. Entfernt man in einem Raume vor dem Archive ein dem Fußboden eingepaßtes Brett, so gelangt man über schmale und steile Stufen hinab zuerst in ein geräumiges Gemach, die einstige Folterkammer, wie noch einzelne halb verfaulte Marter-Werkzeuge und eine in der Decke befindliche Rolle zu einem Aufzug zeigen. Ein enger und niedriger, mit starken Thüren verwahrter Gang führt in einen noch tieferen Raum, der nur vermittelst einer langen Röhre von der Straße aus durch einen schwachen Lichtschimmer erhellt wird. Erst von diesem düsteren Raum kommt man in die eigentlichen engen, durchaus finsteren aber trockenen Gefängnisse; doppelte mit Eisen beschlagene Thüren verschließen ihre Zugänge. In einem derselben mußte im Jahre 1408 Rothenburgs größter Bürgermeister, des Verraths angeklagt, elend verschmachten, oder soll, wie die Sage geht, an Gift gestorben sein, welches ein alter, als Pilger verkleideter Waffengefährte ihm gebracht habe. Der letzte Unglückliche, der in einem dieser gräßlichen Gefängnisse geschmachtet haben soll, war ein Bauer Namens Striffler aus Gailnau, der dann wegen Mordes seiner Ehefrau mit dem Schwerte anno 1804 gerichtet wurde.

Nach Besichtigung der Gefängnisse zeigt der Castellan gewöhnlich das alte sehr interessante Portal im Hofraum. Dasselbe, höchst schwungvoll komponirt, ist in reinem Styl ausgeführt, besonders die Schnitzereien der Thüre; leider ist der obere Theil desselben vom Steinfraß beinahe ganz zerstört und fast unkenntlich geworden. Nun zurück, entweder auf dem bereits zurückgelegten Weg oder durch das kleine hintere Pförtchen des Rathhauses nach dem oberen Stocke. Die Decke des oberen Saales ist der unteren zwar ähnlich, aber viel schmuckloser als dieselbe. Reiche Holzsculpturen zeigen die Wände. Zwei weitere Bilder der Schleißheim'schen Gallerie und oberhalb einer Thüre solche dreier Grafen von Hatzfeld. In den Amtslokalitäten befinden sich das Bild des Bürgermeisters Nusch (bekannt durch seinen Meistertrunk), eine Ansicht der Stadt Rothenburg und das Innere der Sft. Jakobskirche.

Geht man von diesem Vorsaale aus in dem achteckigen Treppenthurme noch einige Stufen höher, so zeigen sich an der Decke prachtvolle Steinmetz-Arbeiten — elegante Gurtkuppel mit dem bemalten Wappen der Stadt und der sieben Churfürsten und dem Reichs-Adler in der Mitte, welcher frei zu schweben scheint. In der Laterne dieses Treppenthurmes befindet sich ein kleines Glöckchen, im Volksmunde das Arme-Sünder-Glöckchen genannt. Durch seinen hellen und durchdringenden Ton wurden in früheren Zeiten die Rathsherren auf das Rathhaus beschieden, wenn Noth und Eile solches erheischten. Für Architekten dürfte die Besichtigung des Bodenraumes und der Construktion des Hängewerkes nicht uninteressant sein.

Auffallend erscheint es, daß sich im Innern unseres Rathhauses so wenig Schmuckarbeiten finden, Fenster- und Thürbeschläge, Kamine, Gitter, Schellenzüge u. s. w.

Reich an historischen Erinnerungen ist Rothenburgs Marktplatz, denn hier hat sich neben vielen lokalen Ereignissen auch manch großes für ganz Deutschland wichtige Drama abgewickelt. Verschiedene Male haben Rothenburgs Rathhäuser die deutschen Kaiser beherbergt und die Bürgerschaft denselben den Eid der Treue gelobt. Nach den Hohenstaufen hat Kaiser Rudolf von Habsburg die Stadt besucht, Adolf von Nassau war im Jahre 1293 und sodann im Monat Mai des Jahres 1295 hier in Rothenburg. Die Privilegien der Stadt bestätigte auch Albrecht I. und ritt hier mit Gefolge ein. Ein besonderer Gönner Rothenburgs war Ludwig der Bayer; viermal kam er mit großem Gefolge hierher. Karl IV., Wenzel und Rupprecht von der Pfalz hielten sich hier auf. Friedrich III. und Christian I. von Dänemark zogen mit großem Gefolge hier ein; Maximilian I. nahm hier dreimal Quartier.

Auch Ferdinand I. und Kaiser Mathias sind hier eingeritten und wurden mit ihrem Gefolge glänzend bewirthet.

Nicht immer ging es friedlich her; von den Stürmen des Bauernkrieges und dem Elend des großen dreißigjährigen Krieges könnte Rothenburgs Rathhaus Manches erzählen. Im Rathhaussaal war es, wo der versammelte Rath, nachdem Ende Oktober 1631 die Kaiserlichen die Stadt erstürmt hatten und Graf Tilly mit seinen Generalen eingeritten war, mit Bangen sein Urtheil von dem Sieger erwartete.

Aber nicht das Rathhaus allein, sondern der ganze, von einer Anzahl alterthümlicher hochgieblicher Häuser der verschiedensten Zeit und Bauart umgebene Marktplatz ist interessant.

Die breite Herrengasse mit dem hohen Rathhaus-Thurm im Vordergrunde, ihren alten spitzbogigen Portalen, der Franziskanerkirche mit ihrem zierlichen Thürmchen, macht, trotz einer Anzahl modern renovirter Häuser einen überwiegend gothischen Eindruck.

Links des Rathhauses gegen Westen erblickt man das schon erwähnte alte Gebäude mit seinen mächtigen Portalen und Streben, ältestes Rathhaus, dann Tanzhaus, später sog. Fleischhaus, Verkaufshalle, in neuester Zeit im Innern renovirt und zu einer Art Museum bestimmt. Das Innere: unten alte Kreuzgewölbe, oben mächtige Balkendecke, ist sehenswerth. Daselbst befinden sich außer den Erzeugnissen des Rothenburger Gewerbefleißes und einiger für die städtische Geschichte bemerkenswerther Gegenstände, zwei Renaissanceschränke, von denen der eine (alter Rothenburger Meister) so prächtig und stylvoll gearbeitet ist, daß weit und breit ein zweiter nicht gefunden werden dürfte.

Das hübsche Gebäude mit dem Erker und dem Standbilde der Jungfrau Maria (Marienapotheke) ist das ehemalige Wohnhaus der Familie Jagstheimer, welches **Kaiser Maximilian zweimal bewohnt hat**.

Eine Zierde des Marktes ist der schöne **St. Georgs oder Herterichsbrunnen**, von dem Stadtbaumeister Hans Viltes im Jahre 1446 in die Stadt geführt und 1447 in einen hölzernen, 1491 in einen steinernen Kasten gefaßt. Im Jahre 1608 wurde die Röhrenleitung in Metall von Sebastian Zapf, Rothgießer, von der Brunnenstube bis auf den Marktplatz geführt. Damals erhielt der Brunnen einen vollständigen Umbau im neuen Kunststyl und zwar durch Michael Scheinsberger, Steinmetz allhier. Die Füllungen — Flach-Ornamente — am Steinkasten sind Meisterwerke von Composition im Renaissancestyl; charakteristisch sind auch die Masken. Auf einer hohen Säule befindet sich das Steinbild des „Ritters Georg zu Pferde mit dem Lindwurm kämpfend", Säule und Statue verfertigt von Christoph Körner. Im Jahre 1886 wurde der Brunnen renovirt von dem hiesigen Dekorationsmaler C. F. Scheibenberger.

An der **Nordseite des Marktes** springt ein Gebäude mit einnem kleinen Thürmchen hervor; dieses erkaufte im Jahre 1406 die Gemeinde von dem Bürger Weikfried und richtete daselbst die Frohnwaage ein. Das mittlere große Gemach wurde zu einer Trinkstube für die Rathsgeschlechter benützt, „damit unter ihnen Vertraulichkeit und beständige Freundschaft gestiftet und erhalten werde", wie eine alte Chronik sagt.

In diesem Gebäude befand sich außer der Hauptuhr, nach der sich die anderen Stadtuhren richten sollten, eine sog. große Uhr (errichtet 1530), welche die Länge des Tages und der Nacht bezeichnete.

An diesem Gebäude befindet sich eine Tafel mit folgender Inschrift:

Ehemalige Rathstrinkstube.
Vor diesem Hause fand im Februar 1474 die
feierliche Belehnung des dän. Königs
Christian I.
mit Holstein, Stormarn ꝛc. ꝛc. durch Kaiser
Friedrich III. statt.

Eine Hauptzierde der Renaissance hat Rothenburg neben seinem Rathhause noch in dem „**Hause des Baumeisters**", der die Rothenburger Renaissance-Bauten geschaffen hat. (Schmiedgasse 343). Das

Haus ist ein würdiges Seitenstück zu dem Toplerhaus und dem Pellerhaus in Nürnberg. Der Hauptschmuck des Gebäudes besteht in einer Anzahl Karyathiden, angeblich z. Th. Rathsherren und Rathsfrauen vorstellend. Von glücklicher Wirkung ist die Unterbrechung der Seitenlinie des Giebels durch Drachen-Consolen und die Belebung der Flächen durch die angebrachten architektonischen Glieder. Durch den fehlenden Giebelaufsatz hat das Haus viel an seinem Werth verloren. An dem hübschen Portale ist ein Wappen in Form eines Steinmetzeichens und ein Löwenkopf angebracht. Interessant und malerisch ist auch der Hof. Die Hintergebäude sind in zierlichem Fachwerkbau errichtet und machen durch ihren alten nicht übertünchten Zustand den besten Eindruck. An mehreren Wappenschildern, die an diesem Hause angebracht sind, steht die Jahrzahl 1596, jedenfalls das Jahr der Erbauung. Im Innern ist das Haus noch fast in seinem einstigen Zustand erhalten und wenig verbaut.

Das gothische Haus nebenan ist „**Toppler's Wohnhaus**", jetzt Gasthaus zum Greifen, kenntlich an der Tafel und dem mächtigen Greif über der Thüre. Eine Sage geht, daß Topler in diesem Hause unterirdische Gefängnisse gehabt und heimlich Gericht gehalten haben soll. Der Ort, wo dieses Gericht gehegt wurde, wird heute noch gezeigt.

Nach Topler's Gefangennehmung soll von den Kellern dieses Hauses auf Veranlassung von dessen Ehefrau ein unterirdischer Gang nach dem Rathhause gegraben worden sein, um den Bürgermeister zu befreien. Man kam aber zu spät.

Als anno 1632 den 19. Dezember der Sohn des großen schwedischen Kriegshelden und Reichskanzlers Oxenstierna mit etlichen Dienern und Soldaten hierher kam, „hat er in dem „Greifenwirthshaus" mit Ausschlagung der Fenster und Zerstörung der darinnen befindlichen fürstlichen und und anderer Wappen großen Muthwillen verübt, auch die Nachtwachen incommodirt und sonst viel Frevel begangen, deßhalb nannte man ihn den „tollen Ochsenstier".

Durch eine schmale Gasse zwischen dem Gasthause zum Lamm, bekannt durch Musäus Volksmärchen vom „Schatzgräber", das hier seinen Anfang nimmt, und der Löwen-Apotheke hängt der Hauptmarkt mit dem Kapellenplatze zusammen. Dort stand ehemals die Kapelle der heiligen Jungfrau Maria, erbaut durch eine Stiftung des Peter Creglinger.

Das Judentanzhaus, später Elenden-Herberge mit 30 Betten für Arme ist das an dem inneren Thor-Thurm — Weißer Thurm — angebaute Haus mit dem hübschen Erker und dem schön gezierten Holzfachwerk. Die Freitreppe, die zum Thurm-Eingange führt, der oberhalb der Durchfahrt sich befindet, ist sehr interessant und schon oftmals gezeichnet worden; ebenso hat die andere Seite

Weißer Thurm.

mit dem erwähnten Erker oft schon als Zierde für manches Skizzenbuch gedient.*)

Geht man die enge Georgengasse, links oben das Haus (484) des alten Rothenburger Geschlechtes der Schrag, welche nach Nürnberg übergesiedelt sind, entlang, so hat man an der Ecke der mit dem Steinbilde des Ritters St. Georg gezierten Apotheke — ehemals Wohnhaus des Geschlechts der Hippler — eine überraschende Ansicht der

Sct. Jakobskirche,

einem Meisterwerke der Gothik in Franken. Auf dem Platze, wo sich jetzt der imposante Bau erhebt, stund ehemals inmitten des Kirchhofes die alte Pfarrkirche mit der durch ihre Wallfahrten berühmten Kapelle zum heiligen Blut (erbaut 1276). (Früher mußten die Rothenburger Bürger nach Detwang in die Kirche gehen, nach dem Bau des Franziskanerklosters wurde in dessen Kirche Gottesdienst gehalten). Später wurde diese alte Pfarrkirche — eine Filiale des alten Kirchleins in Detwang — ganz oder zum größten Theile niedergerissen, da mit der Zunahme der Einwohnerzahl und der Größe der Stadt diese Kirche nicht mehr ausreichend war. Man faßte den Entschluß, ein größeres Gotteshaus an Stelle des alten zu erbauen. Ein Ausschuß, aus einem Deutsch-Herren und zweien vom Rath bestehend, wurde gebildet, um Gelder anzusammeln und zu Opfern aufzufordern. Jedermann sollte wöchentlich 1 Heller geben, bei Begräbnissen sollte eine Gabe zum Kirchenbau fallen. Durch scheinbar so geringe Mittel und auf solchem Wege sammelte sich allmählich eine so ansehnliche Summe, daß man im Jahre 1373 zum Neubau schreiten konnte. — Am Tage Jakobi 1373 wurde der Grundstein gelegt. — Um 1436 scheint der Hauptbau gestanden zu haben, und man konnte, als Herr Ulrich, Abt zu Kloster Heilsbronn zu wissen begehrte, wer die Kirche gestiftet, stolz durch eine Rathsbotschaft zu wissen thun, daß: „sie mit Gab und Rath und Hülf und Almosen unserer Mitbürger gebaut und gebessert worden ist, so Gewohnheit ist im Lande."

Der West-Chor über der alten Blutkapelle und über der Straße, sowie die Ausstattung der Kirche fällt erst in die zweite Hälfte des fünfzehnten Jahrhunderts. Den Namen des genialen Baumeisters kennen wir leider nicht mehr. Die Zeichen seiner Gesellen, Quadrat und Dreieck, sind in den Steinen eingemeißelt. Aber das

---

*) Sollte die Besichtigung des Kapellenplatzes, resp. des weißen Thurmes und des daranstoßenden alterthümlichen Hauses nicht beabsichtigt werden, so führt der nächste Weg nach der Jakobskirche vom Marktplatze über den Höcker- oder Högelmarkt.

Werk zeigt von der Erfindungsgabe und dem feinen Geschmacke des Baumeisters, der jedenfalls von Schwaben herübergekommen ist. „Bei diesem Bau hat ein Steinmetz des Tags 3 Kreuzer und ein Handlanger 6 Pfennig Arbeitslohn gehabt, wie denn damals das Malter Korn nur 30 Kreuzer gegolten hat." Der Bau, aus graugelbem Sandstein ausgeführt, ist dreischiffig mit niederen Abseiten und eingezogenem Chor im Osten, neben welchen sich zwei Thürme anlegen. Den trefflichen Pfeilern setzen sich allseitig Halbsäulchen vor. Kreuzgurten überspannen alle Gewölbe; breites Fensterwerk mit schönem Maßwerk durchbricht die Wände. Den Außenbau umgeben fein gegliederte Streben mit Fialen und rundlichen Strebebögen.

Die Thürme, von denen der eine zum Theil noch vom alten Bau herrührt, in Quadratform aufsteigend, nur mit Blenden versehen, haben plötzlich eine reiche Brüstung, um dann ohne Uebergang einen durchsichtigen Helm aufzusetzen, was erst später geschehen ist.*)

Nachdem der Ost=Chor und das Schiff im Jahre 1436 vollendet und auch das Gewölbe eingesetzt war, begann man den höher gelegenen West=Chor zu bauen, er ward sammt dem Kreuzgurten=Gewölbe im Jahre 1453 vollendet. Einzelnes wurde noch im Jahre 1471 ergänzt (das eine mal soll das Gewölbe eingestürzt sein).

Ueber eine Straße gesprengt, ist der Chor auch noch auf dem Gewölbe einer Kapelle fundirt. Hohe Streben mit Dreiecksgiebel und Wasserspeiern umgeben den Außenbau. Die Vorhalle im Süden, die sog. Ehethür wurden erst im 16. Jahrhundert vollendet. Sehr bemerkenswerth ist auch das große Steinkreuz auf der Ostseite des Kirchdaches. Wie die Ueberreste: Consolen, Baldachine u. s. w. zeigen, scheint so mancher Schmuck an der Außenseite der Kirche entweder nicht angebracht worden, oder durch die Länge der Zeit verloren gegangen zu sein.

Wie in so manchen anderen Orten, hat sich auch hier beim Kirchenbau folgende Sage, die ihren Ursprung in der ungleichen Höhe und Bauart der beiden Thürme und einer Thierfigur — Wasserspeier — haben mag, erhalten:

„Als bereits die St. Jakobskirche gebaut war, sollten auch zwei Thürme in die blaue Höhe geführt werden. Einen übernahm der Meister, den anderen, den nördlichen, übergab er einem jungen Gesellen. Als dieser aber zur bestimmten Zeit sein Werk noch weit zierlicher und schöner vollendet hatte, als der Meister, so stürzte sich letzterer aus Verzweiflung oder voll Neid und Zorn von seinem Gerüste herab. Das zeigt das Brustbild eines herabstürzenden Mannes an der Südseite des Baues an."

Das Innere der Kirche ist dem Aeußeren vollkommen entsprechend. Das hohe mächtige Mittelschiff wird von 12 ausgekehlten,

---

*) Sighart, Geschichte der bildenden Künste in Bayern, Seite 376 und 377.

Sct. Jakobskirke.

mit zum Theil prachtvollen Statuen gezierten Bündelpfeilern getragen, von denen die Gewölberippen ohne Trennung durch ein Kapitäl ausgehen, und welche die beiden Seitenschiffe von dem hohen Mittelschiffe trennen; die Schlußsteine der Gewölbe werden zum Theil von schön bemalten Wappen der edlen Geschlechter Rothenburgs, welche zum Bau beigetragen haben, zum Theil von sehr gut ausgeführten Rosetten gebildet. Durch die hohen mit stylvollem Maßwerk verzierten Fenster erhält der Bau ungemein viel Licht, besonders im Chor glühen prächtige Glasmalereien von sehr hohem Kunstwerthe.

In seiner Geschichte der bildenden Künste in Bayern schreibt der Kunsthistoriker Sighart: „Keine Provinz Bayerns ist reicher an Glasmalereien als Mittelfranken, nirgends waren damals berühmtere Glasmaler (Hirschvogel), nirgends haben sich mehr künstlich bemalte Fenster erhalten. Anfangs erscheinen sie auch hier einfacher, Einzelfiguren auf Teppichhintergrund, später aber als reiche, historische Tableaur. Die ältesten Fenster dieser Art enthält wohl ein Chorfenster zu Heilsbronn, dann die Gemälde der Marthakirche und die Prachtfenster der Sebalduskirche in Nürnberg. Auch die Malereien in den Chorfenstern der Jakobskirche zu Rothenburg — der Mannaregen — gehören noch dieser früheren Gruppe an." Diese Glasmalereien, meist Scenen aus der heiligen Schrift darstellend, lassen besonders den „**Haupt-Altar der zwölf Boten**" in seiner ganzen Schönheit erkennen. Der Altar wurde im Jahre 1388 von Rothenburgs großem Bürgermeister gestiftet.

„Dieser Altar und Pfründt ist gistift von Heinrich Topler und Barbara seiner ehelichen Hausfrauen in der Ehre aller 12 Botten St. Veits und St. Lienhardts."

Der große kunsthistorische Werth dieses Altars ist allseitig anerkannt.

Der Schrein enthält ein Kruzifix von Engeln umschwebt und sechs Statuen unter Baldachinen in vorzüglicher Schnitzerei — besonders der Faltenwurf der Gewänder und der Gesichtsausdruck — und in trefflicher Farbenfassung, von einem Adel, einer Großartigkeit und Einfachheit, daß wenige Werke ihnen vorzuziehen sind.

Nicht minder werthvoll sind die Gemälde auf den beiden Altarflügeln. Auf Goldgrund ausgeführt, sieht man hier die „Verkündigung", „Heimsuchung", „Geburt", „Beschneidung", „Anbetung der Könige", „Lichtmeß" und den „Tod Mariä" (Christus im Purpurmantel harrt der Seele Mariens). Diese Altarflügel und jedenfalls auch die Statuen im Schreine des Altars sind im Jahre 1466 von Friedrich Herlein (Fritz Herlen) zur Zeit seiner höchsten Blüthe gemalt.*)

Christus und die zwölf Apostel in Brustbild in der

---

*) „Den höchsten Aufschwung nahm Herlen's Kunst, als er den Hochaltar der Jakobskirche malte", so lauten Sighart's Worte.

Predella unter dem Schreine des Altars schreibt Sighart ebenfalls Herlein zu, während Andere den Michael Wohlgemuth (Albrecht Dürer's Lehrer), welcher sich im Jahre 1484 hier aufhielt, als Urheber dieser Meisterwerke bezeichnen.

Wer der Meister war, der den Eccehomo und die Statuen des Altars geschnitzt hat, ist uns leider nicht überliefert.

Auf der Rückseite des Altars befinden sich religiöse Gemälde von sehr geringem Kunstwerthe, allein ihre Farben decken alte und allem Anschein nach gute Bilder, den Fragmenten nach zu schließen, aus Rothenburgs Geschichte. Unter den theilweise entfernten Farben der schlechten Uebermalung zeigt sich der Rothenburger Marktplatz, wie derselbe vor dem Brande des Rathhauses 1501 anzusehen war.

Oben steht: „Dieß Werk hat gemacht Friedrich Herlein, Maler 1466."

Links des Hochaltars nördlich (Evangelienseite), an dem fast regelmäßigen Platze, befindet sich das **Sacramentshäuschen** mit herrlichen Verzierungen und alten bemalten Steinfiguren, welche ihrer Ausführung nach zu urtheilen, noch romanischen Ursprungs oder wenigstens aus der Uebergangsperiode sind und beim Bau des Chores mit verwendet wurden. In der Mitte „Gott Vater" den gekreuzigten Sohn zeigend, auf beiden Seiten je zwei herrliche Statuen, alle unter zierlich gehauenen Baldachinen. Einzelne kleinere Relief-Figuren sind neuer und ohne künstlerischen Werth. Unten steht: Das ward gemacht uf Jakob 1449. (1479?)

In dem Seitenschiffe — südlich — befindet sich der **Altar St. Jost zum heiligen Blute** im Jahre 1478 von Katharina Konzin gestiftet. Derselbe, ein Meisterwerk deutscher Holzsculptur ist ohne Farbenfassung und macht einen festlichen Eindruck.

Der Schrein des Altares enthält unter reichem Rankenwerk das „heil. Abendmahl"; Christus und die Jünger in kräftiger und einfach edler Ausführung; der Faltenwurf der Gewänder etwas knitterig. In der Kapsel des, oberhalb des Schreines angebrachten und von zwei Engeln gehaltenen Kruzifixes sollen sich, wie schon erwähnt, einige Tropfen des heiligen Blutes befunden haben. Rechts und links dieser Gruppen zwei größere Figuren — Schutzengel. — Oben in der Nische ein „Eccehomo". Die beiden Flügel des Altars zeigen in Hoch-Relief links: den „Einzug in Jerusalem", rechts: „Christus am Oelberge betend, zu Füßen die schlummernden Jünger, während die Schergen nahen." Die Figuren in der Predella des Altars „Johannis Taufe Christi" und zwei Engel, scheinen ihrer Ausführung nach älter zu sein und von einer anderen Hand herzustammen, als die oberen. Was den Meister anbelangt, der diesen Altar geschaffen hat, so gehen die Ansichten ziemlich auseinander. Wenn die eine Meinung den Altar der Schule oder Werkstätte des Veit Stoß von Nürnberg zuschreibt, so entbehrt

dieselbe insoferne nicht einer gewissen Begründung, als von jeher
zwischen Rothenburg und Kloster Heilsbronn resp. Nürnberg ein reger
Verkehr bestund. Daß Veit Stoß den Altar nicht selbst geschnitzt hat,
ist schon dadurch bewiesen, daß er zu jener Zeit, in welcher der Altar
gestiftet wurde, an den glänzenden Hof der Jagellonen nach Polen
zog.*) Richtiger dürfte es sein, einen schwäbischen Meister als
Verfertiger anzunehmen. Bensen und Merz nennen einen Ulmer
Zeitploß (?); Sighart schreibt: „Der Altar des heil. Blutes ist ohne
Farbenfassung, zeigt in der Mitte das Abendmahl, auf den Flügeln
Scenen der Passion im Geiste Schongauer's". Martin Schon=
gauer, oder richtiger Martin Schön („Schön Martin" genannt), ist
geboren zu Kalenbach, lebte bis um 1461 in Ulm und dann in Colmar,
wo er 1486 starb. Ein Monogramm hat am Altar trotz eifrigen
Suchens bislang nicht entdeckt werden können.

Im Seitenschiffe links — nördlich — erblickt man den
Marien=Altar. Derselbe, früher der Hospitalkirche zum heil. Geist an=
gehörend, soll älter als der Blutaltar und schon im Jahre 1300 ge=
weiht worden sein. Dies kann sich aber kaum auf den uns über=
lieferten Altar beziehen, denn so alt ist derselbe nicht, zudem würde
er kaum in unbemaltem Zustande auf uns überkommen sein. In dem
Schrein ist die Krönung Mariä's in der edelsten Weise dargestellt.
Die Rücklehne des Thrones, auf dem Maria, Gott Vater und Christus
sitzen, zeigt die Inschrift: „Heilig. Draifaltigkeit. Vater, sun, heil.
geist." Die Gruppe in der Predella „Tod der Maria" ist künstlerisch
ebenso werthvoll, nur zeigen die Figuren etwas kräftigere Gestalten.

Die beiden Flügel enthalten in Relief links die Mutter Gottes
mit dem Kinde, rechts die Familie des Stifters oder der Stifterin?

Ueberaus reich an feingeschnitzten Statuetten sind die oberen
Parthien des Altars. Bei der Restauration vor mehreren Jahren
wurde oben ein Kreuz eingesetzt, das aber durchaus störend wirkt und
gehörte an dessen Stelle ein stylgemäßes oder eine Statuette.

Der Meister dieses Kunstwerkes ist uns zwar unbekannt, doch
weisen sowohl Vermuthungen, als verschiedene Anzeigen auf Till=
mann Riemenschneider von Würzburg und seine Schüler hin.
So wird behauptet, der Künstler habe sich bei der Gruppe „Tod der
Maria" durch sein Bildniß — Mann mit dem Weihkessel —
verewigt. Richtig ist, daß „Riemenschneider" sehr oft sein Portrait
in der verschiedensten Art bei seinen Werken angebracht hat; auch die
Figur — das bartlose breite Gesicht — würde stimmen, denn
sein Grabstein stellt ihn uns als „kräftigen, breitknochigen, bartlosen
Mann" dar. Ueberdies zeigt der Altar, wie dies auch bei Riemen=

---

*) Veit Stoß, der mit seinen und seiner Gesellen Schnitzereien
viele Märkte in Franken, Schwaben und Bayern bezog, wurde ge=
boren 1447 und starb 1542 im Alter von 95 Jahren.

schneider's Werken zum großen Theil der Fall gewesen, eine gute Verbindung von Renaissance-Motiven mit der Gothik. Die Zahl der Werke Riemenschneiders und der Schüler aus seiner Werkstätte ist eine sehr große gewesen. Der Meister, zu Osterrode am Harz geboren, kam auf seiner Wanderschaft auch nach Würzburg, wo er Verwandte hatte; dort wurde er im Jahre 1483 verpflichtet und in die „Lukas-Zunft der Maler, Bildschnitzer und Glaser" aufgenommen. In die politischen Wirren zur Zeit des Bauernkrieges verwickelt, wurde Riemenschneider ausgewiesen und starb zurückgezogen 1531.*)

Das **alte Chorgestühl** ist äußerst elegant componirt und ausgeführt; die alten erhalten gebliebenen Theile sind von hohem künstlerischem Werth.

Die **Kanzel**, nach einem Entwurfe Heideloff's von Thieme und Abelhart in Nürnberg gut ausgeführt, die Orgel und die Glasmalereien „Luther und Melanchthon" in beiden runden Fenstern sind neu und wurden erst bei der letzten Restaurirung der Kirche angebracht.

Eine besondere Zierde der Kirche sind die vielen Statuen an den Pfeilern und den Wänden; einzelne derselben haben sehr großen Kunstwerth, die St. Jakobsstatue an dem Hauptportale (Ehethür) ist von Bürgermeister Heinrich Topler gestiftet, der in der Kirche auch begraben liegt, wie ein im südlichen Seitenschiffe in einer Nische — Topler-Kapelle — befindliches Epitaphium mit dem Topler'schen Wappen und Umschrift ausweist.

Ein Freifräulein von Seldeneck, deren Stammburg sich eine Stunde von hier im Thale befand, soll zur Erbauung des West-Chores bedeutende Summen gestiftet haben; zum Danke dafür wurde ihr Bildniß, ein angenehmes jugendliches Gesicht, an diesem Chor in Stein als Hoch-Relief ausgehauen und bemalt — angebracht. Von diesem Chor, auf dem (gerade über der Straße) sich die Orgel befindet, hat man einen schönen Blick über das ganze Innere der Kirche, wobei besonders die Glasmalereien und der Hochaltar zur vollen Geltung kommen. Geschichtlich merkwürdig ist dieser Chor auch noch dadurch, daß von ihm herab Florian Geyer am 15. März 1525 die Artikel der Bauerschaft der versammelten Gemeinde vorlas und sie zur Verbrüderung mit den Bauern einlud.

Von kirchlichen Gefäßen und Geräthen findet sich gar nichts mehr erhalten, da dieselben in den Stürmen der Kriegsjahre verloren gegangen sind und zur Bezahlung von Kriegsentschädigung eingeschmolzen wurden.

Wie die Kirche in früherer Zeit durch Emporen, Gitterstühle, werthlose Familienbilder u. s. w. verunziert wurde, kann ich zu schildern wohl unterlassen, da die Renovation der Kirche in den letzten Jahr-

---

*) Tillmann Riemenschneiders's Monogramm wird durch „zerschnittene Riemen" bezeichnet.

zehnten als ein Zeichen des wieder erwachenden Kunstsinnes und der immer bereiten Opferwilligkeit der jetzt lebenden Generation zu betrachten ist, welche die Kirche aus einer wahren Trödelbude wieder zu dem erhabenen Gotteshause machte, als das es erbaut wurde. Unerwähnt soll jedoch nicht bleiben, daß bei der Renovation wohl auch manches Werthvolle neben viel Werthlosem verloren gegangen sein mag.

Auf dem Kirchplatze, einstens Kirchhof, sind noch bemerkenswerth: das auf dem Grunde des alten Schulgebäudes im Jahre 1589 bis 1591 errichtete **ehemalige Gymnasium**, ein ansehnliches Gebäude in Renaissancestyl mit mächtigem verzierten Giebel, einem Treppenhause und drei schönen Portalen. Das seiner Anlage nach bedeutendere Mittel-Portal wurde später in italienischem Barokstyl — aber gut — renovirt; zwei männliche Statuen in Ueberlebensgröße auf Postamenten stehend, tragen mit ihren Händen den Fronton, welcher in einem Oval auf weißem Grund eine auf das Gymnasium bezughabende Inschrift trägt. Wenn Winterbach sagt, daß dies das schönste Monument unserer Stadt sei, so charakterisirt dies eben die Geschmacksrichtung seiner Zeit, denn die beiden in ihrer alten Dekoration erhaltenen Seitenportale sind weitaus stylgemäßer componirt und ebenso ausgeführt, wahrscheinlich von denselben Baumeistern, die am Rathhaus- und Spital-Bau thätig waren. Bemerkenswerth sind die leider schon ziemlich zerstörten Verzierungen und Schnitzereien der Thüre.

Das Innere des Gebäudes bietet außer einer schönen steinernen Wendeltreppe und zwei Kaminen nichts Besonderes.

Hinter dem Schulhause befindet sich das alte Zeug- oder Stuckhaus, einstens wegen seines Inhaltes jedenfalls sehr interessant, jetzt verödet und Baumagazin.

An der Ostseite der Kirche ist das Wohnhaus des Kirchners mit der malerischen steinernen Treppe. Hier nebenan auf dem Grunde des kleinen eingeschlossenen Gartens stund die wegen ihrer zierlichen Bauart in rein gothischen Verhältnissen gerühmte St. Michaels-Kapelle. Dieselbe wurde, einer alten Chronik nach, von Frau Helene Langenwäntelin, Herrn Ritter Hansen von Rosenbergs Wittib, Bürgerin allhier, gestiftet. Das Bild der Stifterin befindet sich auf einer alten Glasmalerei in einem Fenster der Sakristei der Jakobskirche. Wie aus einer alten lateinischen Inschrift zu ersehen war, wurde diese Kapelle anno 1449 am Sonntag misericordias domini eingeweiht und mit 40 Tag Ablaß begabt. Auch viele Reliquien, Gebeine von Heiligen u. dgl. sollen dort gewesen sein. Seit der Reformation wurde die Bibliothek in die Kapelle gebracht; in derselben mußte auch, schreibt der Chronist, ein Student seine erste Probepredigt abzulegen sich gefallen lassen, wenn er von der Universität nach Hause kam. Diese kleine, so künstlerisch merkwürdige Kapelle wurde nach Uebernahme der Stadt durch die Krone Bayern von deren Kommissären trotz Protestation des Rathes um 200 fl. auf den Abbruch verkauft.

Geht man an der mit Akazien bepflanzten Seite der Kirche entlang, so zeigt sich an der Straße ein Patrizierhaus mit zierlichem, durch alle Etagen durchgehenden Erker. Derselbe ist unter den hiesigen Erkerbauten der zierlichste und für die hiesige Architektur auch der charakteristischste. Seine Füllungen sind mit Band-Ornamenten dekorirt und bilden eine Ausnahme von den hier häufigeren Flächen-Ornamenten. Die in diesem Hause befindlichen Stuck-Decken (Relief-Darstellungen aus der heiligen Geschichte), sind sehr kunstvoll gearbeitet; abgebildet sind dieselben in der Ortwein'schen Renaissance. Das Haus ist jetzt im Besitze der Kirchenstiftung, wodurch es uns in seiner Gestalt erhalten bleibt.

Von dem Erkerhause gelangt man durch den, unter dem Westchor der Kirche (auf kühn gesprengtem Bogen ruhend) hinwegführenden Straßendurchgang nach der **Kapelle zum heil. Blut.** Dieselbe, früher als Baumagazin benützt, ist jetzt wieder renovirt und birgt verschiedene für die Kunstgeschichte bemerkenswerthe Gegenstände. Von hohem künstlerischen Werthe sind die, dem früheren Oelberg (einst außen am südlichen Kirchthurme gelegen) angehörigen Statuen. Der Kunsthistoriker Sighart sagt in seinem schon erwähnten Werke: „Reich ist Rothenburg an der Tauber an Steinsculpturen, aber das Trefflichste ist „der große Oelberg" in der profanirten Kapelle zum heil. Blute. Lebensgroß knieet Jesus da mit unendlichem Schmerze zum Himmel blickend, während die Apostel ruhig schlummern und die Schergen nahen, ein hochedles einfach würdiges Werk, das wohl von einem schwäbischen Meister stammt." Von den in der Jakobskirche und dem Rathhause befindlich gewesenen Bildern von Albrecht Dürer, Wohlgemuth, Herlein, Schäufelin und Schön sind noch vorhanden eine „Madonna" auf Goldgrund, wahrscheinlich von Wohlgemuth, die „Enthauptung eines Märtyrers" (Johannes des Täufers) von demselben. Das „Schweißtuch der Veronika" von W. Herlein. Weitere gute Bilder sind: die „Eherne Schlange in der Wüste"; „Jüngstes Gericht"; das „Urtheil Salomonis"; „Josef in der Grube"; „die Erweckung Lazarus' von den Todten", „Johannis Taufe Christi" und besonders die Scenen aus dem Leben und Wirken des heiligen Wolfgang (auf die Altarflügel des Haupt-Altars der Wolfgangskirche gemalt) vom Jahre 1514.

In dem Straßendurchgange befindet sich oben am Bogen ein dunkler Flecken, von dem man sich folgende Sage „von der armen Seele" erzählt:

„Die Rothenburger hatten niemals viel vom Teufel gehalten, weil er sich einstmals von einem alten Weib überlisten ließ Wie er aber seinen Weg längst hierher gefunden hatte und diese Verachtung merkte, wollte er seine Macht glänzend darthun. Als einmal ein Bäuerlein am heiligen Tage durch den Thorweg unter der Hauptkirche fuhr und dabei gräulich fluchte, fuhr der

Böse plötzlich aus der kleinen Thür im Thorwege heraus und warf den Mann hoch an die Mauer. Der Leichnam fiel zwar herunter, aber die arme Seele blieb an der Wand hängen, wo sie bis auf den heutigen Tag noch kenntlich ist. Sie sieht braun aus, etwas mit schwarzen Flecken versetzt."

Unser Weg führt uns nun an dem Hause Nr. 768, ehemals Haus der grauen Schwestern — anno 1292 vom Papste confirmirt. ist ordinis S. Francisci gewesen und wurde, als im Jahre 1555 die letzte Schwester Anna Spormännin gestorben war, — aufgehoben — und dem ehemaligen Deutsch-Ordenshaus (Inschrift) vorüber, links durch ein schmales Gäßchen nach dem ehemaligen

Kloster der Dominikanerinnen,

jetzt königl. Rentamt und im Besitze des Fiskus. Das Kloster wurde 1258 durch Lupolt von Nordenberg gegründet. Die Klosterkirche, um das Jahr 1270 vollendet, mit Krypta und zwei Thürmchen (in Merians Topographie abgebildet), fiel leider im Jahre 1813 ebenfalls dem Abbruch anheim. Vier Altäre mit trefflichem Schnitzwerk werden als in der Kirche befindlich aufgeführt; in einer Krypta befand sich der Grabstein des Gründers, welcher jetzt in einer Wand des Kreuzganges eingefügt ist. Von den früher sehr zahlreichen Inschriften und Grabdenkmälern sind jetzt nur noch erhalten: ein Epitaphium aus weißem Marmor, die Conventualin Margaretha von Buchau mit dem Rosenkranz in der Hand in Lebensgröße darstellend, sodann ein kleines in Sandstein ausgehauenes der Magdalena von Rein. Von weiteren Bilderwerken der ehemaligen Kirche sind nur noch wenige Reste auf uns überkommen. Interessant ist auch die alte Kloster-Küche mit dem ungeheueren Herde und Rauchfang darüber. Erhalten ist nur noch der „alte Kreuzgang" mit flacher Holzdecke und gothischen Fenstern mit einfachem Maßwerke.

Zahlreiche unterirdische Gänge finden sich von dem Kloster aus nach verschiedenen Seiten hin gegraben, so will man solche in den Häusern Nr. 765 und 745 entdeckt haben. Auch verschiedene Sagen existiren über das Kloster, so von Mönchskutten und einem alten Rittersattel, der früher in einer einstigen Zelle gehängt hat, und soll derjenige, der ihn vorwitzig herabnahm, von unsichtbarer Hand mit Püffen und Schlägen traktirt worden sein.

Hierauf nach der Klingengasse zurück; an einem Eckhause derselben befindet sich ein Holz-Erker von künstlerischer Ausführung vom Jahre 1616. Dieser Erker bildet mit dem hohen Chor der Sct. Jakobskirche und dessen Durchfahrt im Hintergrunde betrachtet, oder von der anderen Seite mit dem malerischen Klingenthor gesehen, ein Beispiel der zahlreichen reizenden Straßenbilder, die Rothenburg vor so vielen alten Städten vortheilhaft auszeichnen.

Klingenthor.

Für Freunde alter Befestigungswerke sowohl, wie malerischer Parthien, möchte ich statt des durch die Klingengasse führenden, folgenden, wenig längeren Weg empfehlen. Man gehe bei dem Hause Nr. 745 — auf dem Grunde eines alten Thurmes erbaut, — **links den schmalen Weg hinein** und bei dem alten Wasserbassin, einem Reste des alten Grabens, vorüber, der Stadtmauer zu. Die alten grauen Mauern des Klosters zeigen noch manches gothische, jetzt aber zugemauerte Fenster. Am sog. Klosterthurm vorüber, — unten der alte Graben und ein Theil des Walles noch erhalten — nach dem seiner Treppe und seines Einganges wegen interessanten **Strafthurme**.

Wenige Schritte weiter und man gelangt an das **Klingenthor**. Weit in das Land blickt der hohe massive und doch wieder zierlich erscheinende Thurm mit seinen 4 Erkern und der Glockenlaterne. Malerisch und wie für ein Skizzenbuch geschaffen ist der hölzerne Treppen-Aufgang. Nicht zur Sicherheit der Stadt allein, auch einem friedlichen Zwecke diente und dient heute noch dieser Thurm. Von einem im Thale gelegenen Wasserdruckwerke wird das Wasser den Berg hinauf und auf diesen Thurm in ein Bassain gehoben, von dem es sich in verschiedene Brunnen der Stadt vertheilt. Nach Durchschreiten des Thores zeigt sich plötzlich unvermuthet innerhalb der Befestigung ein gothisches Kirchlein mit dem malerisch neben angebauten alten **Thorhause**.

Die

Sct. Wolfgangskirche,

zu Ehren des Schutzpatrons der Schäfer auch Schäferskirche genannt, ist ein kleiner aber eleganter Bau der späteren hochentwickelten Gothik. Einst stund hier ein Betplatz, wo sich Andächtige zu Ehren Sct. Wolfgangs, des Beschützers der Heerden, einfanden. Durch fromme Gaben kam ein Vermögen zusammen, aus dem das Kirchlein erbaut wurde; angefangen hat man es im Jahre 1473, ausgebaut war es laut der hinter dem Altar im Chor befindlichen Jahreszahl im Jahre 1483. Die Kirche scheint reichen Ablaß bekommen zu haben, denn oberhalb des Eingangs-Portales steht in gothischen, zum Theil schon verwitterten Schriftzeichen folgende Inschrift:

„römisch ablas uf den cristag pfingstag dienstag nach Bartholomei. St. Wolfgang allerheiligen unsr frauen conceptiois anunciatiois jegliches fest 1240 tag uf den tag der kirchweih 2480 tag durch das ganz jar ale tag 40 tag."

Zwischen den beiden Portalen befindet sich das schöne **Steinbild** des Sct. Wolfgang und zwar, wie er gewöhnlich dargestellt wird, in der einen Hand die Kirche tragend, in der andern den Bischofsstab haltend. Diese Figur wird als ein Meisterwerk der Bildhauerkunst gepriesen. Oberhalb dieser Statue ist noch eine interessante

Sct. Wolfgangskirche.

Steinsculptur zu sehen: „Christus am Kreuz", unten das Stadtwappen, rechts und links ein kleiner menschlicher Kopf. Die hohen und breiten Fenster der Kirche zeigen sehr schönes Maßwerk; das auf dem Dache befindliche Glockenthürmchen scheint erst später aufgesetzt worden zu sein, da es zum Ganzen nicht recht passen will.

Das Innere der Kirche ist einschiffig, der Chor mit Sterngewölbe und Streben ohne Kapitälverbindung, oben bündelförmig auseinandergehend. Der Chor ist etwas eingerückt und hat am Ende noch eine kleine Nische; in derselben steht der kunstgeschichtlich bemerkenswerthe St. **Wolfgangs-Altar**. In dem Schreine des Altars befinden sich die Statuen des „St. Sebastian", „St. Wolfgang" und „St. Rochus" aus der besten Zeit der Holzsculptur. Die Figuren sind bemalt, die Gewänder in Gold, die Fläche des Schreines in Form eines Teppichs in Brokat.

Man wird wohl kaum fehlgreifen, wenn man den Altar dem Bartholomäus Zeitbloom aus Ulm (1473—1514) zuschreibt (von demselben befindet sich auf dem Heerberg bei Gaildorf ein prachtvolles Madonnenbild).

Das Gemälde in der Predella, die „Kreuztragung Christi" ist sehr bemerkenswerth; besonders der Christuskopf mit der Dornenkrone. Die Altarflügel, welche sich, wie erwähnt, in der Blutkapelle befinden, zeigen die Jahrzahl 1515, haben eine ganz andere Behandlungsweise sowohl was Composition wie Colorit anbelangt und sollen von Martin Schaffner gemalt sein. Dieser Künstler, ebenfalls aus Ulm,[*]) scheint Zeitbloom's angefangene Arbeiten vollendet zu haben. Die Altarflügel enthalten Darstellungen aus dem Leben des heil. Wolfgang. (Die Rückseiten sind ebenfalls bemalt und beachtenswerth).

In den, durch den eingerückten Chor gebildeten Nischen, welche fast Seitenschiffen gleich kommen, steht rechts der **Sct. Willibalds-Altar**, im Schrein die schön modellirte und bemalte Statue des heil. Willibald. Die Altarflügel zeigen links einen Bischof, rechts einen König mit Scepter und Reichsapfel. Beide sind Reliefs und bemalt. Die Rückseiten der Flügel sind mit sehenswerthen Scenen bemalt. — Alle übrigen Theile des Altars sind in verwahrlostem Zustande und durch spätere Einfassungen, ebenso wie der Wolfgangs-Altar verunziert; links der **Marien-Altar**. Die Statue der Maria mit dem

---

[*]) Martin Schaffner, geb. 1495, gest. 1539, war Bürger zu Ulm. Obwohl es auffallend erscheinen möchte, daß Schaffner, im Jahre 1495 geboren, schon 1515 solch bedeutende Arbeiten lieferte, so ist doch zu bemerken, daß die Künstler altdeutscher Schule in früher Jugend zu Meistern in die Lehre gegeben, auch sehr bald produktiv zu wirken begannen, zudem befindet sich in der Gallerie zu Schleißheim ein ebenfalls im Jahre 1515 gemaltes Bild Schaffner's „Darstellungen aus dem Leben des Erlösers".

Jesuskinde im Schreine zeigt wohl guten Faltenwurf des Gewandes; der Kopf aber und das Christuskind sind ohne jeden künstlerischen Werth (vielleicht später erst ergänzt). Der Altar ist durch die Einfügung einer Empore fast ganz zerstört worden.

Es wird wohl sehr selten angetroffen werden, daß eine Kirche auf der einen Seite zierlich und stylvoll gebaut, auf der anderen einen Theil einer **Befestigung** bildet. Die nach Außen blickende, durch eingebaute Bogen sehr feste Mauer der Kirche ist mit Schießscharten (vom Innern der Kirche ausgehend) versehen und bildete einen wesentlichen Bestandtheil der Befestigung. Durch eine enge Wendeltreppe gelangte man vom Innern der Kirche auf den Wallgang, der in Halbkreisform bei der Kirche beginnt, durch die Bastei hindurchläuft und am inneren Klingenthor endigt. Hinter dem Wolfgangs-Altar gelangte man durch ein Pförtchen in einen unterirdischen Gang, der unterhalb der Kirche hindurch und in's Freie geführt hat.

Vermöge einer kleinen Stiftung wird in der Kirche jährlich am Sct. Wolfgangstage eine Predigt abgehalten.

Empfehlenswerth dürfte es nun sein, den Weg **links**, und zwar, entweder der Mauer und dem alten Graben entlang, oder außerhalb des Thores über den Turnplatz, ehemaligen äußeren Graben, und den Rest des alten Walles einzuschlagen, um nach der **Thalseite** der Stadt und der **alten Burg** zu kommen. Inmitten alter Befestigungswerke und an der Mauer sich anrankendem Buschwerk zeigt sich im Vordergrunde malerisch ein hoher runder Thurm, und bildet mit den durchbrochenen Pyramiden von St. Jakob und den alten grauen Klostergebäuden im Hintergrund nebst dem grün bewachsenen Thal-Abhang ein reizendes landschaftliches Bild. Eine hübsche Promenade führt an der alten hohen Stadtmauer entlang zur alten Burg. Auf dem Wege dahin besichtige man die erst in der Neuzeit geschaffenen zierlichen Anlagen, halte dann bei dem eisernen Geländer und den Ruhebänken einen Augenblick still, da sich hier dem Auge des Beschauers ein Bild zeigt, wie er es selten zu sehen bekommt. Keine großartige imposante Landschaft mit weiter Fernsicht auf Bergketten und Seeen ist es, welche das Auge fesselt, sondern nur ein kleines anspruchsloses Fleckchen Erde, das in seiner anmuthigen Einfachheit um so angenehmer auf das Innere des Wanderers wirkt.

Von Bergen eingeschlossen, hinter Bäumen und Gebüschen hervorlugend, liegt das zur Stadt gehörige Dörfchen Detwang, mit seinem alten, halb romanisch, halb gothischen Kirchlein in idyllischer Ruhe vor uns. Herrlich ist es, an Sommer-Abenden hier zu sitzen und dem Untergang der Sonne zuzusehen.

Geht man einige Schritte weiter, so kommt man an ein altes, durch mächtige Streben gestütztes, trotzig in's Thal hinabblickendes

Burgthor.

Haus, bemerkenswerth dadurch, daß Karlstadt aus einem seiner Fenster nach dem blutigen Ende des Bauernkrieges hier in Rothenburg, als ihm die Schergen des Truchseß von Waldburg schon auf den Fersen waren, in einem Korbe herabgelassen, durch die Flucht sich gerettet haben soll.

Der Platz gleich beim Eingang in **die Burg** ist historisch sehr merkwürdig, weil hier früher das kaiserliche Landgericht abgehalten wurde und zwar anfänglich unter freiem Himmel; Richter und Schöffen saßen dabei auf Steinbänken, während das Volk im Kreise herum stand. Später wurde ein steinerner Baldachin über die Sitze gebaut. Beides, Baldachin wie Sitze, wurde auf Anordnung eines bayerischen Commissärs weggerissen. Später wurde das kaiserl. Landgericht, nachdem es in den Besitz der Stadt übergegangen war, von der Burg in den großen Rathhaussaal verlegt.

Geschichte und Natur haben die Burg mit unverwelklichen Kränzen geschmückt, so daß man mit dem Dichter sprechen kann:

> Das was die Zeit verschlungen
> Geht morgenröthlich auf,
> Und aus Erinnerungen
> Blüht neues Leben auf.

Die Hohenstaufenburg ist jetzt zu einer freundlichen Gartenanlage umgewandelt, und wo einst Schild und Schwert geklungen und der schwere Tritt geharnischter Männer erdröhnte, da sucht jetzt der friedliche Bürger Ruhe und Erholung von des Tages Last und Hitze.

Reizend ist die Rundschau von der Burg:

> Wo frisch die Lüfte weh'n um freie Höh'n
> Zu schauen dort in die weite Welt ist schön!
> Wo Mauer krönt und Wall den steilen Hang,
> Die Stätte mir hab' ich ersch'n schon lang.

Wenn wir unsere Wanderung auf der rechten, nördlichen Seite beginnen, so zeigt uns ein Blick über die Burgmauer das breite herrliche Thal der Tauber mit dem Dörflein Detwang im Hintergrunde, das alte graue Gebäude vor der Brücke ist die Bronnenmühle mit dem im 15. Jahrhundert errichteten Druckwerke, welches das Wasser den Berg und den Klingen-Thurm hinauftreibt. Links mündet das malerische Vorbachthal ein. Die große Wiese links vor Detwang ist die Turnierwiese, so genannt, weil hier Herzog Konrad der Rothe im Jahre 942 das zweite deutsche Turnier bei Gelegenheit seines Beilagers mit Luitgard, Kaiser Otto's Tochter abgehalten haben soll. Durch die vielen Windungen des Thales verborgen, liegt, etwa eine Stunde von hier auf einem vorspringenden Hügel die Ruine der einstigen Burg Seldeneck. Gen Westen bemerkt man am Fuße des vorspringenden Hügels, — (die sogenannte Engelsburg) mit altem Ringwall — ein kleines thurmähnliches Gebäude, errichtet von dem Bürgermeister Heinrich Topler, und „Kai-

Toppler-Schlößchen.

Marienkirche.

ferstuhl" genannt, weil Topler den Kaiser Wenzel darin beherbergt haben soll.

Auf der andern, **südlichen** Seite ist die Landschaft nicht minder anziehend. Das **"Kirchlein unser lieben Frau"** zu Kobolzell, die alte Doppelbrücke, der Hügel, auf dem ehemals die Burg Essigkrug stund, die vielen über die Mauer hervorlugenden Gebäude und Thürme des Hospitals und der hohe Stöberleinsthurm mit seinen 4 Erkern (ähnlich dem auf der Burg zu Nürnberg) und im Hintergrund als Abschluß die bewaldeten Hügel der Franken=Höhe, das zusammen gibt gewiß ein malerisches Landschaftsbild.

Durch das vielthürmige Burgthor führt uns nun unsere Wanderung die breite, mit ihren hochgiebeligen, mit hohen Portalen versehenen Häusern, noch ganz gothisch erscheinende **Herrngasse** hinauf an dem Hause Nr. 40, einst im Besitz der Mader und Wohnung Kaiser Maximilians im Jahre 1474, vorüber, nach der

Franziskanerkirche,

einem **frühgothischen** Baue, der von dem ehemaligen Franziskaner= oder Minoriten=Kloster auf uns überkommen ist. Dieses Kloster ist nach alten Chroniknachrichten auf folgende Weise entstanden:

"Es stund allda vor Alters ein Lindenbaum, bei welchem ein schöner Brunnquell floß, also daß es ein ziemlich angenehmer Platz zum spazieren gehen war, gegenüber stund eine kleine Kapelle in der Ehre Sct. Jakobs geweiht. Zu der Zeit kamen oftmals von Hall in Schwaben aus dem dortigen Franziskanerkloster zwei Mönche, Günther und Otto geheißen, hieher, um Almosen zu sammeln. Da ihnen aber der Ort sehr wohl gefiel, so gingen sie sowohl ihren Provinzial, als den Rath der Stadt Rothenburg an, daselbst ein Kloster bauen zu dürfen, was ihnen auch im Jahre 1281 gestattet wurde. Durch Collekten und Gewährung von Ablaß auf 40 Tage erwuchs das Kloster. Besonders große Stiftungen machte der damalige Schultheiß der Stadt, Herrmann von Hornburg."

Die Kloster=Gebäulichkeiten müssen bald nach der Gründung des Klosters sehr umfangreich geworden sein, weil die Brüder bis auf die Stadtmauer zu bauen verlangten, was ihnen aber vom Rathe abgeschlagen wurde. Die Mönche wandten sich deßhalb in einer Bittschrift an den Kaiser und der Rath ließ inzwischen an der Stadtmauer ein Gebäude aufführen, um das Ueberbauen des Klosters faktisch zu verhindern. Der Entscheid des Kaisers lautete für die Mönche günstig. Der Rath machte beim Kaiser Gegenvorstellungen aber vergeblich, denn das dem Schultheißen und Rath der Stadt Rothenburg vom Kaiser zugestellte Mandat vom 10. Oktober 1285 gebot denselben den "Minderbrüdern" keinerlei Hindernisse mehr in den Weg zu legen und sie bauen zu lassen. Diesem Befehle wurde von der Stadt Folge geleistet und der aufgeführte Bau wieder eingerissen, worauf die Mönche mit der Vergrößerung ihres Klosters fortfuhren und bis auf die

Franziskanerkirche.

Stadtmauer bauten. Heutzutage ist von den Kloster-Gebäuden nichts mehr übrig, indem an Stelle des Refectoriums und des Klostergartens die Frohnfeste erbaut wurde. Der Kreuzgang und die übrigen Kloster-Gebäude, später als Salzmagazin benützt, wurden niedergelegt und an ihrer Stelle das neue Realschul-Gebäude errichtet.

Zur Zeit, wo Karlstadt in Rothenburg lebte, hatten sich die Franziskaner lebhaft für ihn erklärt, deßhalb entflohen die meisten als die Reformation nach dem unglücklichen Ende des Bauernkrieges hier eine Zeitlang wieder zurückging. Nur acht alte Conventualen blieben. Der letzte Guardian, Georg Setzentriebel, starb anno 1548. Die zwei übrigen letzten Conventualen, Andreas und Michael Eisenhard (unser städtischer Chronist) entwichen. Der Rath nahm vor Notar und Zeugen die Verlassenschaft in Besitz und führte die Verwaltung ad pias causas fort; doch hielt hier nocheinmal im Jahre 1558 der Bischof von Laibach die Messe als Kaiser Ferdinand I. in Rothenburg war. Das Jahr darauf verlegte man das Gymnasium in das Kloster. Im Jahre 1705 erließ der Rath eine Verordnung, daß vier Prediger-Wittwen im Klosterbau wohnen dürften, deren Zahl sich 1709 auf acht vermehrte; dies wurde später wieder aufgehoben.

Die Kirche ist breischiffig, mit niederen Seitenschiffen und flacher Decke, die von mächtigen Steinsäulen getragen wird, welche mit dazwischen gesprengten Bogen das Mittelschiff von den Seitenschiffen abtrennen. Die Oberfenster sind einfache Quadrate. Edler und reicher ist der später (etwa um 1360) erbaute Chor, derselbe hat Kreuz- und Quer-Gurten, welche auf kleinen einfachen Consolen aufsitzen. Die Seitenschiffe und der Chor haben schmale hohe Fenster mit einfachem Maßwerk. Ein sehr zierliches Thürmchen erhebt sich zwischen dem Chor und dem nördlichen Seitenschiffe und gibt der Kirche ein prächtiges Aussehen. Höchst eigenthümlich ist, daß der Chor durch einen Einbau (Lettner, lectorium) von den Schiffen getrennt ist, damit die psallirenden Brüder im Chore im Gebet ungestört wären. Die Altarnischen dieses Lettners sind durch gothische Fenster untereinander verbunden, das eine zeigt noch schönes Maßwerk. Das architektonisch merkwürdige Thürmchen ruht auf dem zwischen Chor und Kirche eingesprengten Triumphbogen. Nicht aus Sandstein, wie die übrigen Kirchen, sondern aus sogenanntem „Kornstein", einem klingend harten dolomitischen Kalkstein aus der untern Taubergegend, ist die Kirche erbaut.

Früher wurde die Kirche — im Besitze des Fiskus — als Salzmagazin benützt, in jüngster Zeit ging sie in den Besitz der hiesigen St. Jakobsstiftung über, wodurch sie dem Gottesdienste zurückgegeben wurde und ihre Kunstschätze uns erhalten bleiben werden.

Von den fünf Altären, die in der Kirche waren, ist nur noch einer in defektem Zustande auf uns überkommen. Es ist dies der jetzt im Chor befindliche **Sct. Franziskus-Altar**, ein Kunstwerk von hohem Werth, dessen Schöpfung wohl in die erste Zeit der Gründung des

Klosters fällt. Charakteristisch ob ihres Inhaltes ist folgende Stiftung aus dem Jahre 1366:

„Hierzu hat Hanß von Wallhausen und Margaretha seine Eheliebste, ingleichen Fritz Firnkorn, ihr Bruder, zwölf Pfund Heller zu einem Jahrzeit, Donnerstag vor Weihnachten zu halten, gestiftet, da der solches nicht thäte, sollen die Brüder Wasser und Brod essen, bis sie das wieder bringen."

Höchst interessant ist der Schrein des Altars (wohl durch einen glücklichen Zufall der Zerstörung entgangen). Derselbe enthält in einer Farbenfassung von eigenthümlicher Wirkung die, zu einem Ganzen vereinigte Darstellung der beiden Haupt-Scenen aus dem Leben des „Franz von Assisi" (des heiligen Franziskus), Gründers der Franziskaner-Ordens. Wir sehen da den Giovanni Bernadone aus Assisi (die einsame Betrachtung, zu der er sich selbst verurtheilte, ist durch das aufgeschlagene Buch dargestellt) auf einer Wallfahrt nach Rom (1207) begriffen, auf der er durch eine Vision zur Wiederherstellung der verfallenen Kirche von Assisi aufgefordert wurde. Das später durch seine Sammlungen wiederhergestellte „Portiunkula-Kirchlein" hängt hoch oben zwischen den Bergesspitzen.

Die andere Scene, in der der heil. Franziskus in der Einsamkeit auf dem Monte Averno in einer Verzückung am Tage der Kreuzerhöhung von dem Gekreuzigten unter brennendem Schmerze seine Wundmale eingedrückt erhielt, ist ganz besonders edel gehalten.

Von den beiden Altarflügeln sind die ursprünglichen Bilder nur zur Hälfte erhalten, denn die oberen Parthien derselben zeigen leider die unvertilgbaren Spuren von Karlstadt's Bilderstürmerei (damals wurden auch sämmtlichen Statuen die Nasen abgeschlagen). Die Rück- oder vielmehr jetzt Vorderseite der Flügel zeigt links „einen Schergen und zwei gefesselte Franziskaner", rechts „die Enthauptung dieser beiden Franziskaner, wobei das Schwert sich gespalten hat". Diese Bilder sollen angeblich von Wohlgemuth sein. Das Bild in der Predella ist fast ganz zerstört und dadurch unkenntlich geworden, vermuthlich den Stifter des Altares (v. Eyb?) darstellend.

Links des Altares (an der nördlichen Wand) ist ein, in die Mauer eingefügter alter Grabstein eines geharnischten Ritters bemerkenswerth; das Wappen (Gemse, und Feldbinde auf dem liegenden Schild) ist das der Herren von Seldeneck. Nebenan sind noch die Reste des ehemaligen Sakramentshäuschen — verzierter Wimberg — bemerkenswerth. Die Thüren, die einst von dem Chor in den Kreuzgang des Klosters führten, sind noch zu erkennen. Unter dem hölzernen Fußboden des Chores liegen vermuthlich ebenfalls wie in den Schiffen Grabsteinplatten, doch scheinen dieselben durch die Einwirkung des Salzes und der Feuchtigkeit des vor Jahren aufgeschütteten Gerölles zum Theil zerstört zu sein.

Die Wände des Chores zieren metallene zum Theil werthvolle Epitaphien.

In der Kirche (Hauptraum) befinden sich die meisten und denkwürdigsten Grabstätten vom landsässigen Adel und von einheimischen ehrbaren Geschlechtern, deßhalb ist die Zahl der Epitaphien und der Grabsteine sehr groß, der ganze Fußboden ist mit solchen bedeckt; aber leider sind im Laufe der Jahrhunderte die meisten zerstört und beschädigt worden. Die bedeutendsten der noch vorhandenen sind: Das Steinbild eines geharnischten Ritters in einer Nische des nördlichen Seitenschiffes, der Umschrift — petrus dictus creglinger — nach zu schließen, des berühmten Rothenburger Feldhauptmanns Peter Creglinger. In der Rundung der Nische steht: „. . . . . . starb der Hans Creglinger, oberhalb des Grabsteines befindet sich eine herrliche Statue der gekrönten Himmelskönigin unter einem prächtig gearbeiteten Baldachin, alles in Farbenfassung. Interessant ist die Console der Statue: betender Mann und Frau, zwischen beiden das Creglinger'sche Wappen. Da sich auch auf dem Boden vor der Nische das Wappen dieses Geschlechtes — Stern mit 2 Sparren — befindet, so haben wir ohne allen Zweifel das „Creglinger'sche Familienbegräbniß" vor uns.

Am Eingange in den Chor befindet sich links: die prachtvolle Statue des heiligen Liborius mit der Jahrzahl 1492, rechts: die Statue des heiligen Jakobus mit sehr interessanter Console. In der Mittel-Nische des Lettners (Eingangshalle zum Chor): Das Grabmal des Dietrich von Berlichingen (Großvater des Götz von Berlichingen), gestorben 1483. „... der hie begrabe ligt." Oben befindet sich das Wappen der Berlichingen. Dieses Grabmal ist bis in die Details prachtvoll gearbeitet und sehr schön erhalten.

In der Nähe des Lettners an einem Pfeiler: zwei, der Säulenrundung angepaßte Steinbilder des Ritters „Hans von Beulndorf" und seiner Gattin, beide Rosenkränze in den Händen tragend, einst in Farbenfassung.

An dem nächsten Pfeiler: die Wappenschilde der Familien „Lösch" und „von Rein" in Stein gehauen; die eine Inschrift ist ganz zerstört.

Groß ist die Zahl der Grabplatten, die den Fußboden bedecken; die schönste derselben ist die, aus weißem Marmor künstlerisch gefertigte des bei dem Sturm Tilly's auf Rothenburg Ende Oktober schwer verwundeten schwedischen Offiziers Johann Georg Perkhöffer. Von acht Wappen eingefaßt, zeigt der Grabstein folgende Inschrift:

„Als Schweden von's Papst tirannei
das teutsche land wollt machen frei
vnd ich mit freuden half darzu
fordert mich Gott eilend zur ruh
bo der ligisten gsamte macht

für hiesige Statt ward gebracht
Ein Kugel mein Haupt tödlich verletzt
mein Seel in ewig Freud ward gesetzt."

An der Wand des südlichen Seitenschiffes befinden sich viele gemalte Wappenschilde Rothenburger Patrizier-Familien. Die Kanzel der Kirche stammt aus der späteren Renaissance-Zeit. Die Brüstung des Lettners zeigt sehr alte Gemälde, die heil. Passion darstellend; leider sind dieselben in sehr defektem Zustande.

Besonders zahlreich finden sich in der Herrngasse die alten Patrizierhäuser. In einem derselben, Nr. 44 — einst im Besitze des Geschlechts der Vermeter — wohnte im Jahre 1474 Kaiser Friedrich III. eine Woche lang (siehe Inschrift). Ein anderes Herrenhaus, dem erwähnten gegenüber (Nr. 19), einst im Besitze derer von Hohenlohe, jetzt dem alten Rothenburger Geschlechte von Staudt gehörig, ist bemerkenswerth, nicht nur dadurch, daß im Jahre 1510 der römische König Ferdinand und im Jahre 1546 Kaiser Karl V. Quartier nahmen, sondern auch durch seinen alterthümlichen Hof. Einige Bemerkungen über diese alten Patrizierhäuser seien an dieser Stelle eingeschaltet.

Nicht als Kauf- und Handelshäuser, wie z. B. in Danzig, Augsburg und anderen alten Städten, sondern als Wohnhäuser zum Zwecke behaglichen Lebensgenusses für je eine Familie wurden Rothenburgs Herrenhäuser erbaut; schon von außen erkennt man diese Wohnhäuser alter Rathsgeschlechter, denn dieselben sind viel größer und höher, als die übrigen, haben meist hohe, der Straße zugekehrte gothische, terassenförmige, oder Renaissance-Giebel mit hervortretendem Fachwerke und einem Erker. Die meist zahlreichen, stylvoll gearbeiteten Eisengitter an den Fenstern der unteren Gelasse sind leider bis auf wenige verschwunden (sehenswerth sind die noch erhaltenen am von Staudt'schen Haus"). Durch ein hohes Einfahrtsthor, über welchem das Wappenschild der Familie in Stein ausgehauen, angebracht ist, gelangt man in einen großen freien Hausplatz (Tennen), welcher den ganzen Hausraum bis auf ein kleines Nebenstübchen einnimmt. Vormals nämlich waren, schreibt Bensen, die ehrbaren Bürger berechtigt, den Wein, welchen sie in den eigenen Rebengärten gezogen, oder aus der Ferne hergeführt hatten, in den eigenen Häusern auszuschenken, und so lange noch die großen Wallfahrten hierhergingen, war auch der Weinverbrauch beträchtlich. Da zehrte nun das gemeine Volk in dem freien Hausraum, während die ehrbaren Herren in das Nebengemach sich zurückzogen. Da finden sich auch große Weinkeller und weitläufige Getreideböden in diesen Häusern, weil den rathsfähigen Männern wohl der Handel mit Naturprodukten erlaubt war, jedoch nicht der Waarenhandel wie in Nürnberg. Auffallend sind auch in diesen Gebäuden die weiten, unbenutzten Räume im Innern im Vergleich mit den eigentlichen Wohnzimmern. Ein besonderer Fleiß wurde stets auf die Ausschmückung von Festzimmern oder eines Festsaales verwendet. — Dergleichen Festsäle oder Prunkgemächer hatte man in vielen Patrizierhäusern, leider sind sie nicht erhalten geblieben.

Noch zu erwähnen ist in der Herrngasse Haus Nr. 2 mit interessanten Fenstern, ehemaliges **Brodhaus**.

„Im Jahre 1556 ist das Brodhaus, nemlich der Bau neben dem Rathhause, allwo zwei öde Hofstätt gewesen, so den Pflegern zu St. Blasii zinsbar gewesen, erbaut worden und anno 1776 hat man eine Spinnfabrik darin errichtet."

Dieser Bau war früher mit dem Rathhause durch einen bedeckten Gang über die Straße verbunden.

Nun gelangt man, entweder quer über den Marktplatz durch die Schmiedgasse am Toplerhause vorüber, oder durch die **Hofbronnengasse** (der alte Brunnenkasten und das Fachwerkhäuschen des Brunnenmeisters sehr malerische Parthie) nach der

Sct. Johanneskirche.

Auf der Stelle, wo früher eine kleine Kapelle stand, wurde diese Kirche — ein **gothischer Vierecksbau** — im Jahre 1403 von der Stadt erbaut. Architektonisch merkwürdig ist das auf einem Pfeiler aufsitzende elegante Thürmchen. Die Fenster der Kirche zeigen reiches Maßwerk, die außen befindlichen Steinsculpturen sind leider fast ganz verwittert. Die, zu den besseren Bauten der Gothik gehörende Kirche ist nicht mehr in ihrer ursprünglichen Gestalt erhalten. denn schon im Jahre 1604 war die Kirche so baufällig geworden, daß sie von Grund auf renovirt werden mußte („weilen man sich vor plötzlichen Einfällen gefürchtet"). Pfleger waren damals Michael Reichshöfer und Johann von Staudt. Von daher muß auch die, von runden Säulen mit jonischen Kapitälen getragene Balkendecke (leider übertüncht) herrühren, denn die eleganten Schnitzereien der Tragbalken sind Renaissance-Ornamente. Sehenswerth sind einige Wappenschilde, ein Grabstein des letzten Maltheser-Commenthur's Joh. Jac. von Pfürdt und die großen Bilder altdeutscher Schule — die heil. Passion —. Auf dem Boden befinden sich einzelne Grabsteine. Die Kirche ist 1805 der katholischen Gemeinde zum Gottesdienst überwiesen worden.

Nebenan befindet sich der ehemalige **Johanniterhof**, jetzt königl. Bezirksamt. Um welche Zeit die Niederlassung der Johanniter hier stattgefunden hat, ist ungewiß, da Urkunden hierüber bislang nicht

---

*) Man vergl. die schon zit. „Deutsche Renaissance, Abtheilung Rothenburg", in welcher ein solcher jetzt nicht mehr vorhandener Festsaal ausführlich beschrieben ist.

bekannt sind, doch scheint der Orden bald nach seiner Gründung hier eine Niederlassung gehabt zu haben.

Es wurde den Johanniter= oder Hospital=Rittern (hier Henser=herren genannt), das früher an dieser Stelle gestandene „alte, oder Bürgerspital" übergeben und solche mit der Verwaltung desselben betraut. Nachdem aber, wie ein Chronist berichtet, die Ritter an Reich=thum und Macht zunahmen und sich mehr um Krieg und Staats=sachen, als um die Verpflegung der Kranken und Armen bekümmerten, so wurde 1280 ein neues Hospital extra muros gebaut. Die Johanniter erbauten sich nun auf dem Grund des alten Spitals ein neues Wohnhaus, ließen solches aber 1718 wieder abbrechen und ein größeres (das jetzige Gebäude) errichten. Fortwährend gab es zwischen den Rittern und der Stadt Zwistigkeiten wegen des Asylrechtes, der Reisewägen, der voigteilichen Obrigkeit über des Ordens Hintersassen in der Landwehr, wegen Thurm, Mauer und Graben u. s. w., bis endlich durch Vertrag vom Jahre 1605 die Streitigkeiten geschlichtet wurden, das Asylrecht wurde dem Orden aber nicht bewilligt. Da man den Rittern die Vertheidigung der Mauer nicht überlassen wollte, so „hat Rothenburg bei der Gassen, der Hofbronnen genannt, eine Thür hinein, damit sie zur Stadtmauer und Thurm, oder auch sonst einkommen kann und hat allein der Rath der Stadt die Schlüssel dazu, der Verwalter aber keinen. Es stehet auch deßwegen das Stadt=wappen an der Thüre gemalet." Außer einigen steinernen Wappen=schilden (u. A. das der Familie von Metternich) ist an dem Gebäude nichts, was künstlerischen oder historischen Werth hat.

Der Hofraum und ein Theil des Gartens wurden früher zu Begräbnißplätzen benützt, dies wurde dadurch bestätigt, daß man vor etlichen Jahren bei Legung einer Wasserleitung etwa einen Meter tief auf eine Anzahl menschlicher Skelette stieß, deren Schädel durch ihre Größe und Breite besondere Aufmerksamkeit erregten.

Getrennt von dem hiesigen Johanniterhof war der zu Reichards=rode, welcher anno 1182 seinen Anfang nahm. Später wurden die beiden Commenden vereinigt.

Sehenswerth sind noch **Kirche und Hospital zum heil Geist**. Dahin gelangt man die Schmiedgasse entlang, am Gasthof zum Hirsch vorüber durch den Spitalbogen oder Siebersthurm und die **Spitalgasse** (ohne bemerkenswerthe Gebäude), oder von da aus wo sich die Straße bei dem alten Brunnen — Plönlein — (der mit sehenswerthen Renaissance=Ornamenten gezierte Steinkasten wurde im Jahre 1607 errichtet, jedenfalls auch von Michael Scheinsberger), scheidet, rechts die Steig hinab zum **Kobolzellerthor** und nach lohnender Besichtigung desselben, die kleine Treppe innerhalb des Thores hinauf, der Stadtmauer mit sehr malerischen Parthieen ent= lang über den sog. Mühlacker. Auf diesem von einer uralten Linde gezierten Platz steht ein altes, mit ungeheuren Strebepfeilern ver= sehenes Gebäude, die sog. **Roßmühle** Dieselbe wurde im Jahre 1516 von dem Maurermeister Lorenz Müller aus Creglingen erbaut und erhielt derselbe 112 Gulden Lohn für die Zurichtung von 12 Pfeilern bis unter das Dach, für 3 Thüren und 19 Fenstergerüste von Stein.

Wie ihr Name andeutet, wurde diese Mühle von Pferden ge= trieben, die innen auf einem breiten Rundgang herumliefen, eine Ein= richtung, die sich besonders bei Belagerungszeiten, wenn die Wasser= mühlen im Thale nicht benützt werden konnten, bewährte.

Neuerdings wurde der obere Raum in einen Turnsaal um= gewandelt.

Die zahlreichen, einen großen Hof umschließenden Wirthschafts= gebäude des Hospitals wurden nach dem Brande von 1538 wieder aufgebaut und sind heute noch erhalten. Malerisch inmitten derselben liegt das im Jahre 1591 erbaute „Bereiterhäuschen" mit seinen runden Thürmen.

Die

Kirche zum heil. Geist

gehört zu den **frühgothischen** Bauten der Stadt, eingeweiht 1308. Die Fenster der des äußeren Sculpturschmuckes entbehrenden Kirche haben alle das Fünfblatt als Maßwerk. An der Nordseite des Chores befindet sich ein eleganter Thurm, der aus der Rundung in ein Achteck mit Streben übergeht, das oben mit durchbrochenen Fenstern versehen ist und mit einem Schieferdache schließt. Das frühere an der Süd= seite der Kirche befindlich gewesene spitzige Thürmchen ist vor längerer Zeit abgetragen worden. Das Schiff der Kirche ist flach gedeckt, der Chor dagegen mit kräftigen Kreuzgurten und schönen Schlußsteinen geziert (S. a. Sighart's Gesch. d. b. K.). Der früher in der Kirche befindlich gewesene „Marienaltar" ist, wie schon erwähnt, jetzt in der Sct. Jakobskirche aufgestellt; an seinen Platz kam ein neuer.

Links des Altares befindet sich das ehemalige **Sakraments= häuschen**, mit einst bemalten Steinsculpturen. Von Grabsteinen ist außer denen des Henricus de Binoldsbach und Henricus de

Kobolzellerthor.

Wallenbusen besonders interessant der des **Grafen Otto von Flügelau**. Dieses, in die südliche Wand des Chores eingelassene Monnment zeigt einen Mann auf dem Sterbekissen, der in der Hand ein mit Binden umwickeltes Schwert hält. Die Umschrift lautet: Anno Dni M. C. C. C. XVII o. (obiit) Otto Comes de Flugellav in die Brigide Virg.

Hinter dem Altar befinden sich noch einige metallene Epitaphien von Geistlichen des Hospitals. Die Kanzel, Orgel und die Glasmalereien sind neu und die Kirche ist in würdiger Weise in den letzten Jahren wieder hergestellt worden.

Der große freie Hofraum nördlich der Kirche war einstens mit den Gebäuden der alten Pfründnerei verbaut, deren westliche, an ein anderes Gebäude angefügte Giebel man noch erkennen kann. In diesen dumpfen und finsteren Gebäuden waren einstens in zwei Sälen — einer zu ebener Erde, der andere ein Stockwerk hoch — die Kranken untergebracht.

Südlich der Kirche erhebt sich das

Hospital-Gebäude,

ein einfacher Renaissancebau aus den Jahren 1570—1576; den aufgefundenen Monogrammen nach zuschließen, von den Baumeistern und Werkleuten des Rathhauses. Das Gebäude*) hat einen einfachen Giebel und zeigt außer zwei schön componirten Portalen wenig äußeren Schmuck. Dagegen war die Ausstattung des Inneren eine prächtige. Durch das Eingangsportal (von der Straße aus) gelangt man in einen durch das ganze Gebäude hindurchführenden gewölbten Gang, der rechts und links kleine gewölbte Räumlichkeiten (wohl frühere Zellen?) hat. Am Ende desselben, mit dem 2. Portale (vom Hofe aus) korrespondirend, befindet sich ein kleines Pförtchen mit interessanten Muschel- und Rosetten-Ornamenten. Oben an der Wand ist ein kleines Holzgemälde von 1704 angebracht — eine Hand mit darauf ruhendem Beile —. Durch das hübsche Treppenhaus-Portal gelangt man auf einer sehr interessanten steinernen Wendeltreppe in die Räumlichkeiten des ersten Stockes. Diese sind, wie immer — die am reichsten ausgestatteten.

Bemerkenswerth sind mehrere gut componirte Portale, die das Monogramm des Baumeisters Wolff zeigen und ein Zimmer mit Täfelung und einer Holzdecke in schönen schwungvollen Ornamenten. Die Fensterpfeiler sind mit reizend entworfenen Ornamenten bedeckt, von denen aber einzelne leider ziemlich beschädigt sind. Im zweiten

---

*) „Zu dem großen Baue im Spitale, der 20,000 Gulden gekostet hat, wurden 11,000 Gulden von der Steuerstuben entlehnt und hat man das Geld mit Karren hinausgefahren."

Spitalthor.

Stock, in dem sich die Krankensäle befinden, ist nichts mehr zu sehen, was auf einstige dekorative Ausstattung schließen ließe.

Durch die Befestigung des Spitalthores führt der Weg in's Freie und kann man links auf einem bequemen Pfade um die Stadt herumgehen, rechts führt der Wege nach dem Wildbade und dem Tauberthale.

Wildbad.